Santooka, Ĝizoo kaj Esperanto

山頭火と地蔵とエスペラント

Omaĝe al S-ino SUZUKI Masumi

鈴木ますみさんに捧ぐ

編　小沢満明

写真　たけいひろゆき

Enhavo 目 次

profunda monto—
nur petazitaj* ŝosoj
ĉi tie floras

山ふかく蕗のとうなら咲いてゐる

de monto printempa
rulfalas kaj rulfalas ŝtoneto

春の山からころころ石ころ

mi enpenetris kaj plue enpenetris,
sed verda monto

分け入つても分け入つても青い山

* Petazito floras antaŭ ol la folioj elkreskas kaj oni povas manĝi ĝiajn ekburĝonajojn
kiel tempuron k.t.p. Femala floro disĵetas semojn.

5

la vojo rektas,
mi solecas

まつすぐな道でさみしい

mi adiaŭis—
la vojo rekte iras

わかれてきた道がまつすぐ

nur ĉi tiu vojo—
neĝas en printempo

この道しかない春の雪ふる

inter vivo kaj morto neĝas kaj neĝas

生死の中の雪ふりしきる

neĝas, tie senfare pendas saklarvo.

ぶらりとさがつて雪ふる蓑虫

ĉipa, ĉipa—
frida, frida—
neĝo, neĝo

安か安か寒か寒か雪雪

ne povas forĵeti
pezon de la pakaĵoj—
brusto kaj dorso

捨てきれない荷物のおもさまへうしろ

kion fari alie?
mi daŭre piediras

どうしようもないわたしが歩いてゐる

ĝis kie piedsignoj daŭras sur la sablo?

砂にあしあとのどこまでつづく

la luno al Ĝizoo*:saluton, estas malvarme

お月さまがお地蔵さまにお寒くなりました

peze falis la monta luno

どかりと山の月おちた

alfalantan la lunon observas mi sola

落ちかかる月を観てゐるに一人

---

* *Ĝizoo estas ŝtona statuo de Ksitigarbo (unu el bodisatvoj) lokita vojrande en diversaj lokoj tiutempe.*

senzorge gustumi akvon

へうへうとして水を味ふ

malpura akvo fluante klariĝas

濁れる水の流れつつ澄む

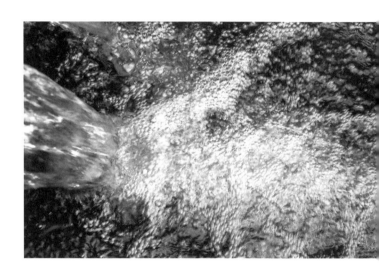

ĉi tien mi alvenis,
akvon trinkis kaj foriris

ここまでを来し水飲んで去る

freŝa kardo staras matene ĵus post pluvo

あざみあざやかなあさのあめあがり

ankaŭ sono de pluvgutoj maljuniĝis

雨だれの音も年とつた

pluvas.
paŝi nudpiede en la hejmloko

雨ふるふるさとははだしであるく

dum piediro kantas kukolo;
dum rapidiro kantas kukolo.

あるけばかつこういそげばかつこう

unu birdo alflugas, kaj ne kantas

一羽来て啼かない鳥である

korvo grakas.
ankaŭ mi estas sola.

鴉啼いてわたしも一人

ĝermoj de arboj,
ŝosoj de herboj,
kaj de nun

木の芽や草の芽やこれからである

pretervole pri naskiĝloko—
ĝermfolioj de zantoksilo*

ふつとふるさとのことが山椒の芽

naskiĝloko malproksime—
ĝermfolioj de arbo

ふるさとは遠くして木の芽

* *Zantoksilo havas kunmetitajn foliojn kaj ĉe baza*
  parto akrajn kontraŭsidajn dornojn. Grajno dehiskas
  kaj aperas nigrajn semojn, kiuj estas uzataj kiel spico.

kun libelo ĉe la kanĉapelo,
mi piediras

笠にとんぼをとまらせてあるく

demetinte kanĉapelon,
malsekigita ĝiskore

笠をぬぎしみじみとぬれ

ĉar la montoj kvietas,
mi demetis la kanĉapelon

山しづかなれば笠をぬぐ

vira patrinio,
virina patrinio*1,
kune floru harmonie

をとこべしをみなへしと咲きそろふべし

likoridoj*2 floras.
ĉi tie estas mia kuŝejo

曼珠沙華咲いてここがわたしの寝るところ

dum piediro floras ranunkoloj;
dum sidiĝo floras ranunkoloj.

あるけばきんぽうげすわればきんぽうげ

*1 En Japanio (virina) patrinio estas unu el la "sepherboj de aŭtuno."
Ĉe pinto de tigo, la malgrandaj floroj flavaj amasiĝas. Vira patrinio estas granda.
Tigo kaj folio havas multajn harojn. La floro estas blanka.*

*2 Likorido floras en aŭtuno. Ĝi havas longan skapon kaj grandajn fleksajn petalojn.
Poste folioj disvastiĝe etendas kaj travintras. Ĝi velkas en printempo.*

25

nenia postsigno de la naskiĝdomo—
lampiro

うまれた家はあとかたもないほうたる

venu, venu, lampiroj—
mi venis al naskiĝloko

ほうたるこいこいふるさとにきた

papilio unu
flugas kaj flugas… ankoraŭ
sur ŝtona kampo

蝶ひとつ飛べども飛べども石原なり

ŝvelŝvelantaj nuboj—
tien mi piediras

もりもり盛りあがる雲へあゆむ

de tiu nubo
falantaj pluvogutoj
min malsekigas

あの雲がおとした雨にぬれてゐる

kun kapkuseno de ŝtono—
fludirekton de nubo

石を枕に雲のゆくへを

29

malebriiĝo—
vento melankolie
ja min trablovas

酔ざめの風のかなしく吹きぬける

kion serĉi—
iras mi en vento

何を求める風の中ゆく

aŭtuna vento—
al direkto laŭvola ĝis loko atingebla

秋風、行きたい方へ行けるところまで

Postparolo

Mi estas adranto de filmserio "Otoko ŭa curaijo", kies ĉefan rolon
"Torasan" ludis S-ro ACUMI Kijosi.

En siaj vesperaj jaroj li intencis ludi du hajkistojn famajn pro liberstila hajko,
OZAKI Hoosai kaj TANEDA Santooka, sed ne realiĝis. Laŭ mia opinio
"Torasan" similas al Santooka. Tial tiu ĉi libro komenciĝis.

Mi ekpensis, krei albumon kombinante hajkojn de Santooka kun fotoj de
Ĝizooj, statuoj de Budho k.t.p. Tion mi konfidis al S-ro TAKEI, kiu faris
mirinde belajn fotojn.

Mi kun S-ro TAKEJAMA Nobuaki kaj kara E.T. elektis hajkojn kaj tradukis
ilin. Ankaŭ ĉi-foje veteranaj esperantistoj korektis niajn tradukaĵojn.
Ni elkore dankas al ili pro bela laboro.

Fine ni omaĝas tiun ĉi libron al bedaŭrata S-ino SUZUKI Masumi,
kiu gvidis nin al fundamenton de Esperanto!

OZAŬA Micuaki

あとがき

　私は映画『男はつらいよ』シリーズのファンです。主役を演じて
いたのが渥美清さんです。渥美さんは、晩年、自由律俳句の尾崎
放哉や種田山頭火の役を演じようとしたことがあります。が、実現
しませんでした。私は"寅さん"と山頭火が似ていると思ったのが、
この本の出発点でした。山頭火の俳句と地蔵や仏像などの写真と
組み合わせて表現しようと思い、それをたけいひろゆきさんに託しま
した。素晴らしい写真が揃いました。

　俳句の選択と訳は、わが仲間、武山伸昭さんと E.T. さんと共に
行いました。訳の校正はベテランのエスペランチストたちにお願いし
ました。細部にわたる校正、心より感謝いたします。

　最後にエスペラントの基礎を教えてくださった故・鈴木ますみさん
にこの本を捧げます。

小沢　満明

参考文献：山頭火全句集（春陽堂書店）

山頭火と地蔵とエスペラント
Santooka, Ĝizoo kaj Esperanto

2020 年4 月20 日　初版第1刷発行

著者、俳人　verkisto, hajkisto
　　　　種田山頭火　TANEDA Santooka

編集・訳　redakto, traduko
　　　　小沢 満明　OZAŬA Micuaki

訳　traduko
　　　　武山 伸昭、E.T. 他　TAKEJAMA Nobuaki, E.T. alia

協力（校正・翻訳）　kunlaboranto (provlegado, traduko)
　　　　廣高 正昭　HIROTAKA Masaaki

写真・デザイン・装丁　foto, desegno, kovroaranĝo
　　　　たけい ひろゆき　TAKEI Hirojuki

写真（雪）　foto (neĝo)
　　　　山岸 健悦　JAMAGIŜI Ken'ecu

発行者　eldoninto
　　　　山中 洋二　JAMANAKA Jooji

発行所　eldonejo
　　　　合同フォレスト株式会社
　　　　郵便番号 101-0051 東京都千代田区神田神保町1-44
　　　　電話 03(3291)5200　FAX 03(3294)3509
　　　　振替 00170-4-324578
　　　　ホームページ　http://www.godo-forest.co.jp

発売元　vendejo
　　　　合同出版株式会社
　　　　郵便番号 101-0051 東京都千代田区神田神保町1-44
　　　　電話 03(3294)3506　FAX 03(3294)3509

印刷・製本　presejo
　　　　株式会社 シナノ

ISBN 978-4-7726-6165-2　NDC899　210×148

合同フォレストのホームページ（左）
Facebook ページ（右）はこちらから。➡
小社の新着情報がご覧いただけます。